Bunader fra Vest-Agder

Kvinnebunaden fra Vest-Agder slik den ser ut i dag er et resultat av et arbeid som har pågått siden begynnelsen på 1900-tallet. Den viser draktskikken slik den var på midten av 1800-tallet og det finnes mange varianter å velge mellom. Typisk for bunaden er at den har kort liv og at sømmene i ryggen møtes i små skjøter, *klauv*. Forkledet kan være både i bomull og i ullstoff med broderi. Bunaden har hodeplagg som viser sosial status. Hodeplagget på bildet brukes av ugifte og kalles *rult*. Både en kort trøye og broderte og trykte ullsjal brukes til bunaden.

Mannsbunaden er utarbeidet etter slik draktskikken var i Vest-Agder på begynnelsen av 1800-tallet, men den er ikke kopi av en folkedrakt. Bunaden består av trøye i sort ullstoff med langbukse eller knebukse med klaff. Vesten er i stripemønstret ull og kneppes med små sølvknapper.

The women's bunads from Vest-Agder, as it looks today, is the result of a development that has been going on since the beginning of the 1900s. It shows the fashion in the mid-1800s with a short, tight bodice with seams in the back ending in miniature skirts, *klauv*. The apron can be either of cotton or wool with embroidery and there are many varieties to choose from. The bunad has a headdress that shows social status. The headdress on the photo, used by unmarried women, is called *rult*. A short jacket and embroidered or printed wool shawls are used with the bunad.

The men's bunad is designed according to the fashion in Vest-Agder in the early 1800s, but it is not a copy of a folk costume. The bunad consists of black wool jacket and trousers, or breeches with flap front, and a waistcoat in stripe patterned wool, buttoned with small silver buttons.

Bunad fra Vest-Agder

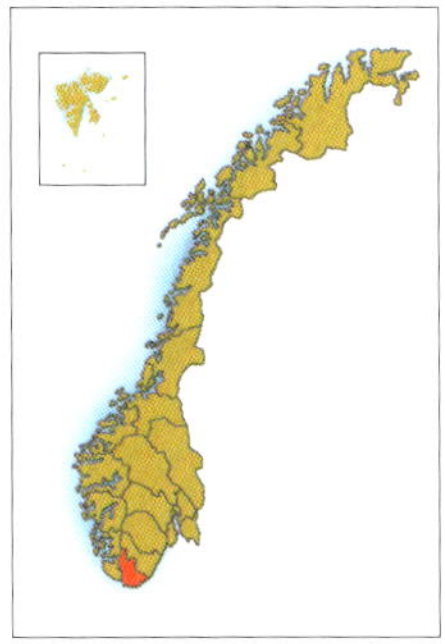

Kvinnen fra Vest-Agder har på seg en *plisserstakk* med en avstivet kant som gir stakken klokkefasong. Vevde seler, som kneppes til stakken, gjør at den holdes oppe. Livet, som kan være i rødt, grønt eller sort ullstoff, lukkes med ringmaljer og kjede. På hodet har hun en *valk* som for den gifte kvinnen heter *vase*. Den kan brukes slik som på bildet til venstre med et silketørkle knyttet glatt rundt framstykket, eller med et hvitt skaut.

I hele Norden ble hvite skaut eller hodeduker brukt av gifte kvinner ved store høytider. Hvordan man knyter skautet viser om det er fest eller sorg. Det finnes flere ulike lommer med ullgarnsbroderi til bunaden og den henges i stakkelinningen med en messingskrok. Man kan velge på flere forskjellige sjal, både broderte og trykte, som gjør det lett å holde varmen. Bunadsko eller snørestøvletter hører til.

The woman from Vest-Agder is wearing *plisserstakk*, a pleated skirt with a stiffened hem that gives the skirt its bell shape. Woven braces, worn under the bodice, are buttoned to the skirt. The bodice can be in red, green or black wool, and is closed with silver lacing rings and a chain. On her head she wears the headdress *valk*, and for the married woman the name is *vase*. It is used as in the photo on the left, with a silk kerchief tied smoothly around the head, or with a large white head kerchief.

In all the Nordic countries white head kerchief were used by married women on festivals and major holidays. How it was tied indicates whether it is a festive or solemn occasion. The pocket is worn hanging in the waistband with a decorative brass hook. Several different shawls are used, embroidered and printed, and both bunad shoes and black lacing boots are popular.

Festbunader for barn

Da folkedraktene gikk ut av bruk i Norge midten på 1800-tallet forsvant bruken av guttekjoler og det ble ikke laget et tilsvarende plagg til bunaden. Tidligere brukte gutter kjole etter at de ble reivet og før de fikk sine første voksenklær. Jentene fikk ofte en liten voksendrakt etter reivinga. Gutten oppe til venstre har på seg en gammel guttekjole fra Setesdal.

I dag bruker barn bunader som er kopier av de voksnes klær. De har ofte samme materialer og til og med sølv slik som de voksne. På det store bildet til venstre, og på det lille bildet under, har barna bunader fra Vest-Agder som er kopier av voksenbunaden. Jenta til høyre har *bringedukdrakt* fra Valdres. Noen bunader har i dag en egen barneversion. De er litt forenklede og ofte i materialer som går å rense eller vaske. Sorte eller hvite strømper og bunadsko hører til.

When folk costumes went out of use in Norway in the mid 1800s the use of boys dresses (kirtles) disappeared and there was not made an equivalent garments for bunads. Previously, boys would wear a dress after they were swaddled and before they got their first adult clothes. Girls often wore a little adult costume after swaddling. The boy, upper left, is wearing an old boy's dress from Setesdal.

Today, children's costumes are replicas of the adults' bunads. They are often made in the same colours, with a simpler cut and has silver accessories like the adults. In the large photo on the left, and on the small image on the right, the children wear bunads from Vest-Agder that are replicas of the adult costume. The girl above wears a *bringedukdrakt* from Valdres. Black or white stockings and bunad shoes are worn with the bunads.

Bunad fra Rogaland

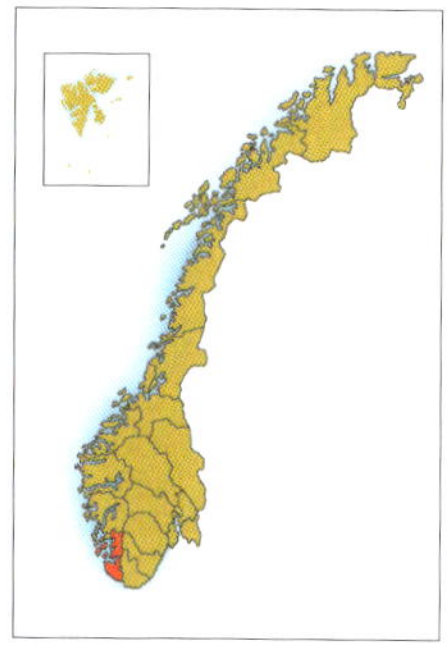

Bunaden fra Rogaland ble laget på 1920-tallet. Totalt finnes det 7 forsjellige varianter og de har fått navn fra de stedene i fylket der foreleggene til broderiene kommer fra. Livet i mønstret silke er kantet med fløyelsbånd og metallbånd, og lukkes foran med sølvmaljer og -kjede. Stakkene er i sort eller blå ulldamask og forklærne har gjerne samme farge som stakken.

Broderiene på bunadene er laget ut fra mønster på luer og sjal som ble overført til forklær og lommer. Skjorten har hvitsøm i flere broderiteknikker, med ståkrage og tett rynking på ermene. Til bunaden hører det også med et sjal med lange frynser og en kep med brodert krage. Sølvet som brukes til bunaden i dag ble utarbeidet 1935 og det brukes halsknapp og bringesøljer med heng. På bildet har kvinnen fløyelsbelte, men gifte kvinner kan også bære *stølebelte.*

This is a bunad from Rogaland and it was made in the 1920s. In total there are 7 different varieties and they are all named from the places in the county where the original embroideries comes from. The bodice in patterned silk is trimmed with velvet and metal ribbons, and closes with lacing rings and a silver chain. The skirts are of black or blue wool damask and the aprons usually have the same colour as the skirt.

The embroidery on the bunads are from old hats or shawles and was copied on to the aprons and pockets. The white shirt with a stand-up collar has white embroidery in several embroidery techniques. The bunad has a shawl with long fringes and a cape. The silver brooches and a collar button with hanging leaves were developed in 1935. The woman is wearing a velvet belt but a *stølebelte,* a belt with silver, is also used with the bunad.

Løkendrakt fra Østfold

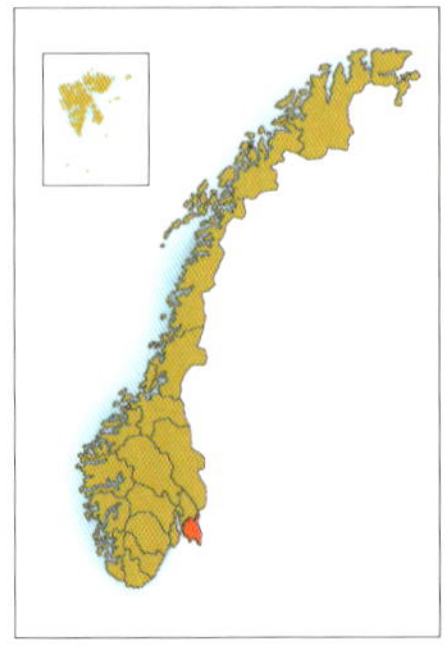

Løkendrakt kalles denne bunaden fra Østfold. Den ble lansert i 1949 og har samme ullbroderier på alle deler av bunaden. Mønsteret er laget av Østfold Bondekvinnelag ut fra rosemalinga på et skap fra gården Løken i Trøgstad i Østfold. Gården er nå på Norsk Folkemuseum i Oslo og kan ses i bakgrunnen.

Stakk og liv er sydd sammen til en livkjole og lages i sort eller mørkeblått ullstoff. Fargene i broderiet er naturalistiske. I dag brukes ofte et brodert belte til bunaden, noe som ikke var vanlig da den ble utarbeidet. Den broderte luen er i samme stoff som livkjolen. Skjorten er i hvitt lin og har broderier med blomstermotiv i hvitsøm.

Det er også utarbeidet ytterplagg, både cape og trøye brukes til bunaden. Sølvet til bunaden har mønster inspirert av blomsterbroderiene i bunaden.

Løkendrakt is the name of this bunad from Østfold. The production started in 1949 and it has the same wool embroidery all over. The design was made by Østfold Bondekvinnelag using the rose painting on a cabinet from the farm Løken in Trøgstad in Østfold as inspiration. The farm is now at the Norwegian Folkemuseum in Oslo and can be seen in the background.

The bodice skirt is made of black or dark blue wool and the colours in the embroidery are naturalistic. Originally there was no belt, but today many use an embroidered belt and a bonnet, both in the same fabric as the bunad. The shirt is in white linen and embroidered with white floral motifs.

A short jacket or cape is used as outer garments. The design of the silver, made for this bunad, has been inspired by the floral embroidery.

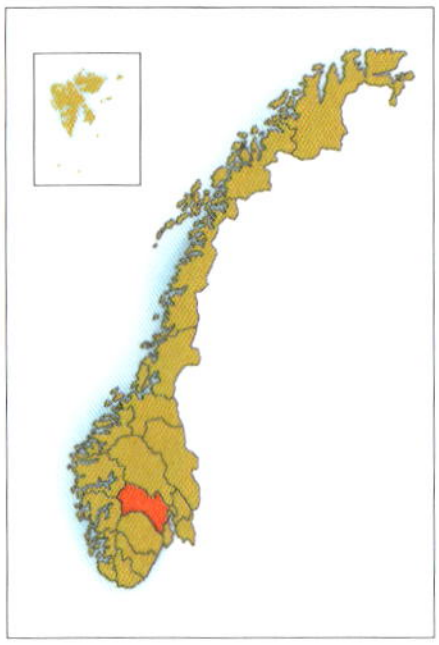

Bunad fra Hallingdal

På begynnelsen av 1800-tallet malte kunstneren Johannes Flintoe menn fra Hallingdal og Valdres som var kledd som mannen på bildet. Etter å ha vært ute av bruk ble klærne tatt opp igjen som bunad på begynnelsen av 1900-tallet. Da ble den også populær i folkemusikkmiljøet i Oslo. Dette gav bunaden navnet *spelemannsbunad* og det kalles den også i dag.

Trøyen har en fasong som går helt tilbake til renessansen og kalles *steglatrøye*. Ordet *stegla* betyr at den er spilet ut for å gi vidde. Både trøyen og buksen er dekorert med ullgarnsbroderier. Vesten i rød ull er kantet med fløyelsbånd og har tre knapperader.

På hodet har han en *kollelue* i rød fløyel med brune fløyelsbånd. Disse luene har vært i bruk til folkedrakter i hele Norden og brukes av både voksne menn og gutter.

In the early 1800s the artist John Flintoe painted men from Hallingdal and Valdres dressed like the man in the photo. But after having been out of use as a folk costume, it was reintroduced as a bunad in the early 1900s. It then became very popular on the folk music scene in Oslo and was given the name *spelemannsbunad*, meaning fiddlers bunad.

The jacket, with a shape that dates back until the Renaissance, is called *steglatrøye*. The word *stegla* means it has gussets to provide width. The jacket and pants are decorated with wool yarn embroidery. The waistcoat in red wool is trimmed with velvet ribbon and has three rows of buttons. He wears a *kollelue*, a cap in red velvet with brown velvet trimmings. These caps have been used with folk costumes throughout Scandinavia and are used by both men and boys.

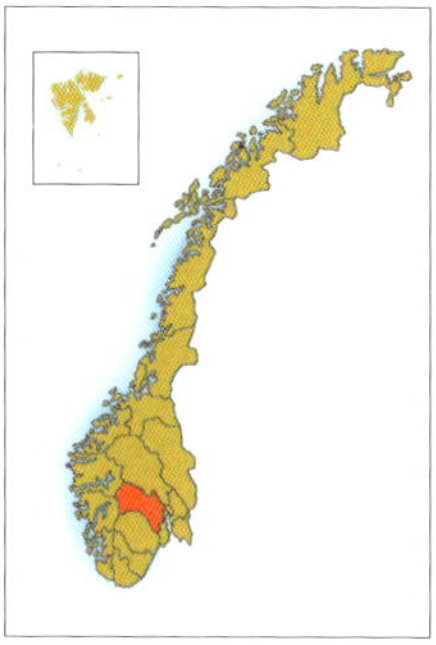

Bunad fra Hallingdal

Bunaden kommer fra Øvre Hallingdal og er bunadversjonen av folkedrakten fra området slik den ble laget i ca 1920. Hulda Garborg, som var ledende i arbeidet med den nye festbunaden, mente at det gamle hodeplagget var altfor komplisert for tidens kvinner og anbefalte luen som ble brukt av kvinner i Nedre Hallingdal. Hun overførte de nye broderiene fra livet og stakken til luen og det er slik luen til bunaden ser ut i dag.

Tradisjonelt har det vært stor variasjon av stoffvalget i folkedraktene, men i dag er festbunaden ofte sydd i svart eller mørkeblått klede. De klare fargene i broderiene er en impuls fra slutten av 1800-tallet da garn ikke lenger ble farget med planter. Det nye ullgarnet, som kunne kjøpes i butikken, var farget med *anilin* som stammer fra kulltjære. Forkledet til festbunaden er alltid svart, helst i fin ulldamask, og med en brodert kant i samme mønster som på stakken.

The bunad is from Upper Hallingdal and is the bunad version of the folk costume made around 1920. Hulda Garborg, who was leading the work on the new bunads, meant that the old headdress was too complicated for modern women and recommended a hat used by women in the Lower Hallingdal. She transferred the new embroideries from the bodice and skirt on to the hat.

Traditionally, there has been a large variety of fabric in folk costumes, but today's festive bunads are often made in black or dark blue cloth. The bright colours used in the embroidery are an impulse from the late 1800s when yarn was no longer dyed with plants. The new wool yarn, that could be bought in stores, where dyed with *aniline* originating from coal tar. The apron is always black, preferably in a light wool damask, and decorated with the same embroidered hem as on the skirt.

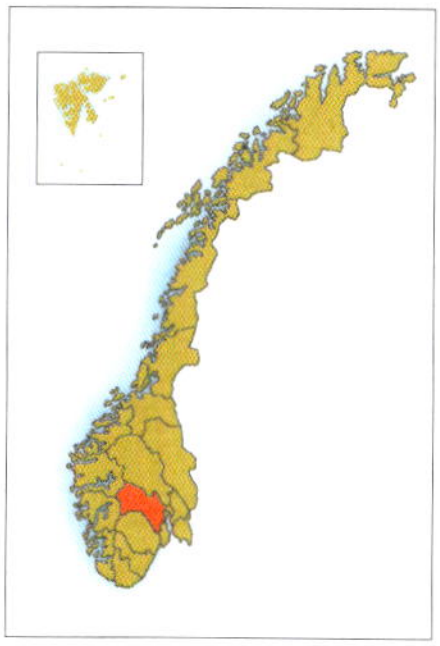

Bunader fra Hallingdal

Bunadene som damene har på seg kommer fra Nedre Hallingdal og kalles for *Hulda-bunad*. De er varianter i Hulda Garborgs design som kom i bruk rundt 1900 og som har utgangspunk i kirkeklærne fra Gol. For å lage en bunad som passet inn i tidens reformdraktbevegelse, og som kunne bæres uten korsett, mente hun at tyngden av bunaden skulle bæres på skuldrene, ikke slik moten var med trange liv. Hun ville reformere folkedraktene til moderne bunadbruk.

Bunaden slik den ser ut i dag er etter reformbevegelsen ideal. Den har et brodert liv med høy løs livlinje og en brodert stakkekant. Breddene i stakken er skrådd, slik som var tidens mote og forkledet som en gang hørte til folkedrakten ble sløyfet. Den broderte luen var enkel å bruke og passet til de nye frisyrene. Gutten har på seg *spelemannsbunad* fra Hallingdal og Valdres.

The ladies wear bunads from Hallingdal which are called *Hulda-bunad*. It is a Hulda Garborg design that came into use around 1900 and the inspiration for the design is church clothes from Gol. In order to create a bunad that would fit in to the reform movement, and could be worn without a corset, she meant that the weight of a dress should be carried on the shoulders, not as fashion dictated with a tight bodice. She wanted to reform the traditional folk costumes in to modern festive bunads.

The bunad as it looks today are according to the reform movement ideal. It has an embroidered bodice with a high loose waistline and an embroidered skirt hem. The skirt is flared according to fashion and the apron that once was worn, was omitted. The embroidered hat was easy to wear and it suited the new hairstyles. The little boy is wearing a *spelemannsbunad*.

Bunad fra Valdres

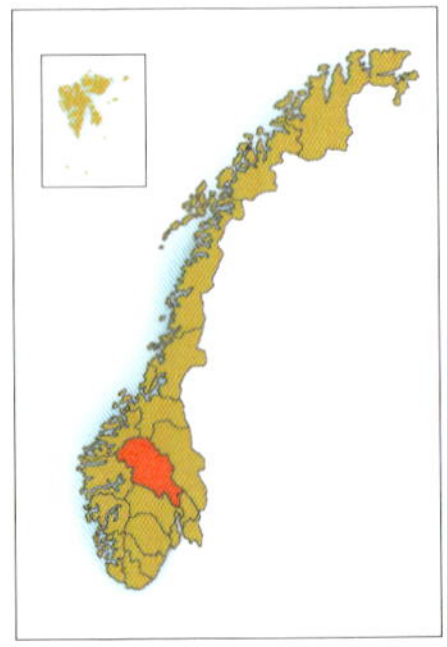

Bunaden kalles *den gamle valdresbunaden* og er resultatet av et samarbeid som Heimen Husflid hadde med Hulda Garborg på begynnelsen av 1900-tallet. Broderiene, som er hentet fra en liten fløyelslue fra Bagn i Valdres, ble først overført til livet og forkledet. Men senere, da forkledet ble tatt bort, ble mønsteret overført til stakken. Bunden ble lansert i 1914 og snittet i denne livkjolen skulle få stor betydning og danne mønster for hvordan svært mange bunader kom til å bli seende ut fremover.

Bunaden, som også lages i blått ullstoff, har en løs brodert lomme og en liten lue i samme modell som forelegget fra Bagn. Tidligere var det ikke vanlig med belte til bunaden, men i dag brukes et *stølebelte,* belte med sølvmaljer. Det er også utarbeidet en kort trøye og en cape som er i samme stoff som bunaden. Søljer fra Valdres hører til.

This bunad is called the *old Valdres bunad* and is the result of a co-operation between Heimen Husflid and Hulda Garborg in the early 1900s. The embroideries are originally from a small velvet bonnet from Bagn in Valdres, and were first copied on to the bodice and apron. But when the apron went out of use the embroidery was transferred on to the skirt hem. The first year of manufacture was 1914 and the cut of the bodice skirt, would have great significance and form the pattern for bunads designed in the future.

The bunad, also made in dark blue wool, has an embroidered hanging pocket and a small bonnet in the same model as the original from Bagn. When first produced, a belt was not used, but today a *stølebelte,* belt with silver, is popular. A short jacket and a cape in the same fabric are used to keep warm. The *søljer,* bunad silver brooches, are copies of old silver from Valdres.

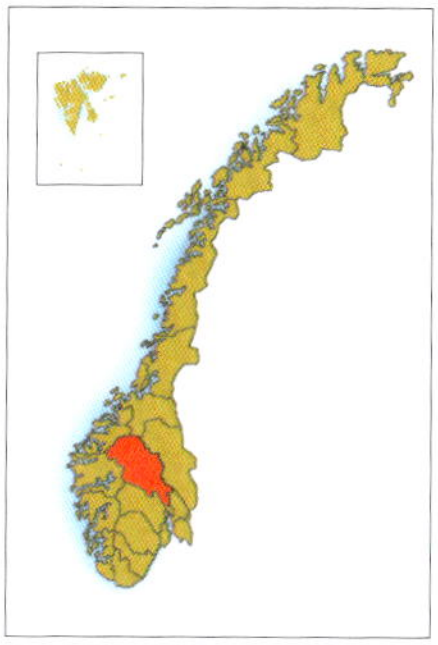

Bunad fra Valdres

Denne bunaden kalles *den nye valdresbunaden* og den ble lansert i 1948. Det er en livkjole med fasong fra en *rutastakk* fra Semeleng i Vestre Sildre. Bunaden ble skapt med utgangspunkt i den broderte bunaden som Hulda Garborg utarbeidet rundt 1914 (den gamle valdresbunaden) og som var den første broderte bunaden fra Valdres.

Broderiene på bunaden har forelegg fra mønster på en lue som ligner den pulluen som i dag hører til bunaden. Halsringningen på dagens bunad er dypere en det som var brukt tidligere og broderiet følger ringingen fram ned på brystet. Bak på ryggen er det et lite stykke med samme broderier. Stakk, liv, lomme og lue er kantet med grønt.

Skjorten er en klassisk bunadskjorte slik de ble laget til de første broderte bunadene. Den er i lin eller bomull med kulørt eller hvitsømsbroderier. Sølvet er kopier fra Valdres.

This bunad is called the *new Valdres bunad* and the first year of production was 1948. It has a black bodice skirt with the shape of the *rutastakk,* the chequered bunad, from Semeleng in Western Slidre. The bunad was created based on the embroidered bunad Hulda Garborg designed around 1914, which was the first draft of an embroidered bunad from Valdres.

The wool embroidery is copied from an old bonnet and resembles the bonnet used with the bunad today. The bodice has a deep round neckline and the embroidery decorates the front and the back neckline. The skirt, hanging pocket and bonnet is trimmed with green wool.

The shirt is a classic bunad shirt, a design that were made for the first embroidered bunads and still very much used today. They are made of linen or cotton with white or coloured embroidery. The silver is copied from old silver from Valdres.

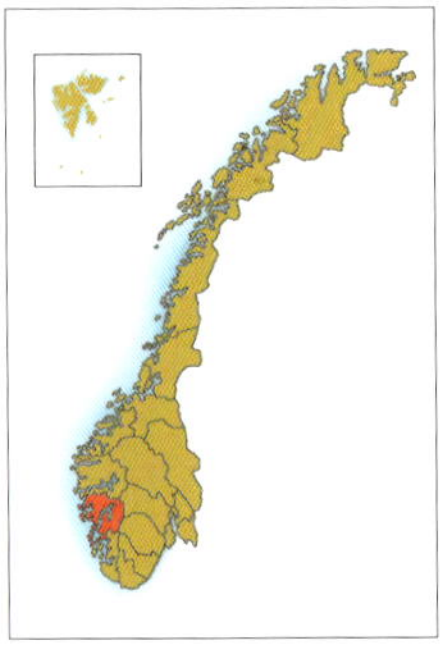

Bunader fra Hardanger

Bunaden som den unge jenta har på seg er fra Jondal i Hardanger. Hun har grønt damaskliv kantet med ullbånd og bringeduken er tett brodert med korssting og plattsøm. Samme broderier er brukt på beltet som lukkes med en forgylt spenne foran. De to lange båndene som henger ned fra beltet foran på det hvite forkledet heter *fangband*. Belte kan man bruke både med og uten fangband.

Trøya hun har på seg på det lille bildet er en originaltrøye fra Hardanger Folkemuseums samlinger. Modellen er lang og det er slik de gamle folkedrakttrøyene så ut. Det finnes også en kort variant der trøyen har samme fasong som livet. Mannsbunaden på bildet under er fra Sørfjorden i Hardanger. Bunaden er svært populær og mange bruker den med svart trøye og bukse og rød vest.

The bunad the young girl is wearing is from Jondal in Hardanger. She wears a green damask bodice with wool ribbons and the bib is finely embroidered with cross stitch and satin stitch. The same embroidery is used on the waistband that are buttoned with a large guilded silver clasp. The two long ribbons hanging from her belt is called *fangband*, lap band. The belt can be used with or without these *fangband*.

The jacket she is wearing in the small photo above is an original from Hardanger Folkemuseum's collections. The model is long and this is how the old folk costume jackets looked. There is also a short version where the jacket has the same shape as the bodice. The mans bunad is from Sørfjorden in Hardanger. It is very popular and many use the combination of black jacket and pants, and a red waistcoat.

Bunad fra Hardanger

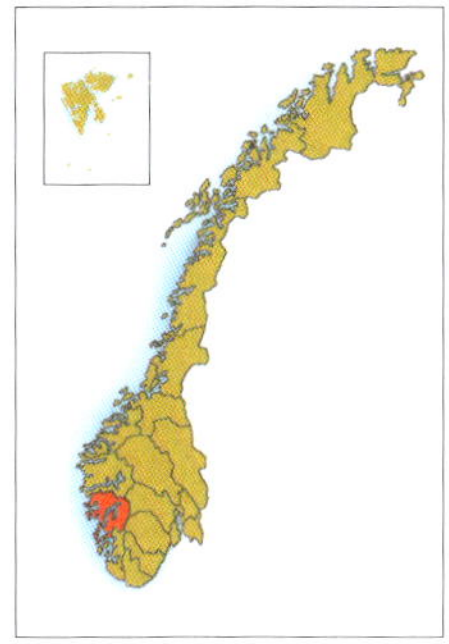

Mannen har på seg en bunad fra Sørfjorden som har utgangspunkt i en brudgomsdrakt fra Aga. Den har lang trøye og kort vest, og det brukes både knebukser og langbukser til bunaden.

Det er ofte kvinnenes bunader som er mest dekorert, men til mennenes bunader finnes det en hel del tilbehør som kan varieres. Her har han pyntet seg med rutete silketørkle, klokkekjede i sølv og kniv hengende i beltet. Han har også på seg fine *forermer,* pulsvarmere, brodert med korssting som er kantet med fløyelsbånd. Belte-, sko- og buksespennene er i sølv. På hodet har han en flott svart filthatt. Menn kan bruke hatter med både flat og rund pull og smågutter bruker en strikket topplue.

Hvite mønsterstrikkede strømper som holdes oppe av mangefargede strømpebånd hører til.

The man wears a bunad from Sørfjorden and the design is based on a bridegroom bunad from Aga. It has a long jacket and short waistcoat that can be worn with breeches or pants.

It is often the women's bunads that are the most decorated but men's bunads have a lot of accessories that can be varied. Here he is dressed up with a chequered silk kerchief, a silver watch chain and a knife hanging from his belt. He also wears elaborate *forermer,* cuffs embroidered with cross-stitch and trimmed with velvet ribbon. The buckles on the belt, shoes and breeches are made of silver. He is wearing a black felt hat. Men can wear hats with a flat and round crown, and for younger boys a red knitted woollen cap is part of the bunad.

The white pattern knitted stockings are held up by multy coloured garters.

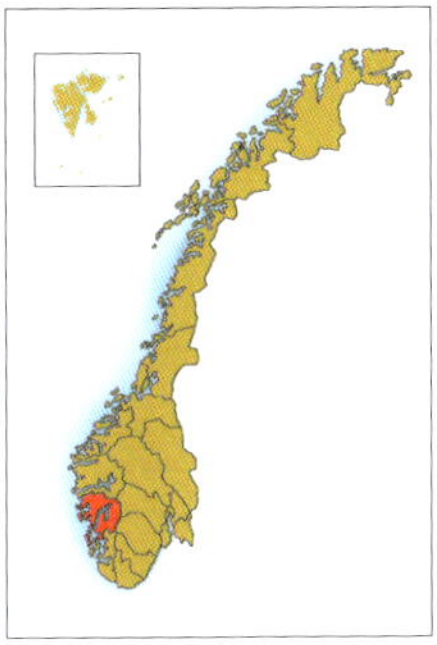

Bunader fra Hardanger

Damene har på seg bunader fra Sørfjorden i Hardanger med *opplut,* liv i damask og fløyel, og stakk i ullstoff. Bringedukene er dekorert med perler. Kvinnen til venstre har perlebroderi på stramei mens hun til høyre har perlenett. Begge har forkler med innfelt hvitt broderi i *hardangersøm*. Det finns flere forsjellige forkler men det er det hvite som brukes til høytid.

Det hvite *hardangerskautet,* høytidsskautet, blir brukt av gifte kvinner og gir bunaden sin karakteristiske silhuett. Å bruke *koneskaut* for å vise sosial status var noe som ble brukt til folkedraktene i store deler av Norden. I dag har noen områder videreført tradisjonen til bunaden.

Kvinnen til venstre har på seg et *stølebelte* som brukes av gifte kvinner og hun til høyre har ett gammelt brodert belte. Begge har på seg *hardangersøljer,* søljer med hengende kors og løv.

The ladies are wearing bunads from Sørfjorden in Hardanger with an *opplut,* a bodice of damask and velvet. Their bibs are decorated with glass beads. The woman on the left wears pearl embroidery while the lady on the right has a glass beads stitched as a net. Both have aprons with white Hardanger embroidery. Different aprons are used but white is for festive occasions.

The white *hardangerskautet,* the head rail, is used by married women to show their social status and gives the bunad its distinctive silhouette. White headdresses was worn with folk costumes in large parts of Scandinavia. Today some areas continue the tradition using it with the bunad.

The woman on the left is wearing an *stølebelte,* a belt with silver and the lady to the right wears an old embroidered belt. Both wear *hardangersøljer,* brooches with hanging leaves.

Festfin med bunadsølv!

Bunadsølv er en viktig del av bunaden. Det er ofte kopier av gammelt sølv eller sølvsmeder har latt seg inspirere av mønster de funnet lokalt og knyttet dette til bunaden. Gammel design fra folkedraktenes tid blir bruk sammen med den nye tidens formspråk. På det store bildet til venstre henger halsknappen til mannsbunaden fra Gudbrandsdalen kallt *dingsilknapp*. Den er gammel og har hørt til folkedrakten akkurat som *dalarkjede* med *hengepenge* eller *skålepenning*, nede til høyre. Disse ble brukt i hele Norden og i Europa. Hengepengene hører idag til bunadsølvet som blir brukt ved store høytider som bryllup.

Til venstre på det lille bildet er en type *hjertesølje* som er vanlig i store deler av Norden. Hjertet som symbol er populært og det finnes mange lokale varianter både i filigransteknikk eller som *bondesølv*, støpt i former.

Silver is an important part of the bunad. Some are replicas of ancient silver or the silversmiths have been inspired by the designs found locally and linked this to the bunad. Today silver prior used with old folk costumes are being used together with new designs. In the large photo to the left is a hanging silver button from Gudbrandsdalen, called *dingsilknapp*. It is old and belongs to the folk costume tradition just like the silver necklace with hanging coins, *skålepenning*, to the right. These were used all over Scandinavia and in Europe. Today this old fashioned bunad silver is used at major celebrations like weddings.

In the small photo above is a heart shaped brooch, which is common in many parts of Scandinavia. The heart is a popular symbol and there are many local variations in either filigree technique or as *peasant silver*, moulded silver.

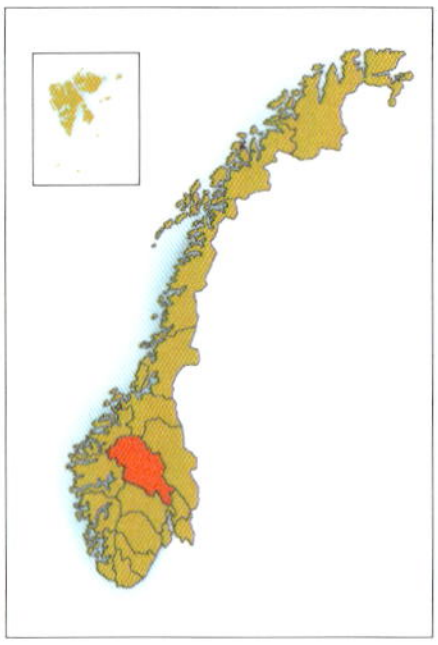

Bunad fra Gudbrandsdalen

Denne bunaden kalles *Gudbrandsdal festbunad* og den finnes i flere varianter. Fra tiden for første tilvirkning, som var 1922 fram til i dag har den blitt laget med ulike farger på liv og stakk, med og uten forkle og med broderier over hele stakken eller bare som en bord. Bunaden slik den er på bildet lages også i blått.

Broderiene tar utgangspunkt i en brodert livkjole fra Gudbrandsdalen og er fritt komponert. Mange forskjellige produsenter har preget bunaden og også tilgangen på materialer har hatt innvirkning på fargevalget.

Heimen Husflid, som har utarbeidet bunaden, lager den i dag både ensfarget og i de opprinnelige fargene med grønt liv og blå stakk. Til bunaden hører det til en brodert lomme og en *pullue* med samme broderier som på bunaden. Belte var ikke brukt tidligere, men i dag bruker mange sølvbelte til. En kort jakke med vide ermer brukes som ytterplagg.

This bunad is called the *Gudbrandsdal festive bunad* and are made in many variations. From the time of first production in 1922 until today, it has been made with different colours of bodice and skirt, with and without apron, with embroidery all over the skirt or just at the hem.

The design of the embroidery is inspired by an old embroidered bodice skirt from Gudbrandsdal. Many different manufacturers have made this bunad and the supply of fabrics have had effects on the colour scheme. Heimen Husflid, who designed the bunad, is making them today as in the photo with a black or dark blue bodice skirt, or in the original colours of green bodice and blue skirt.

The bunad has an embroidered hanging pocket and a *pullue*, a bonnet, with the same embroidery as on the bunad. A belt decorated with silver is used on festive occasions.

Bunader fra Romerike

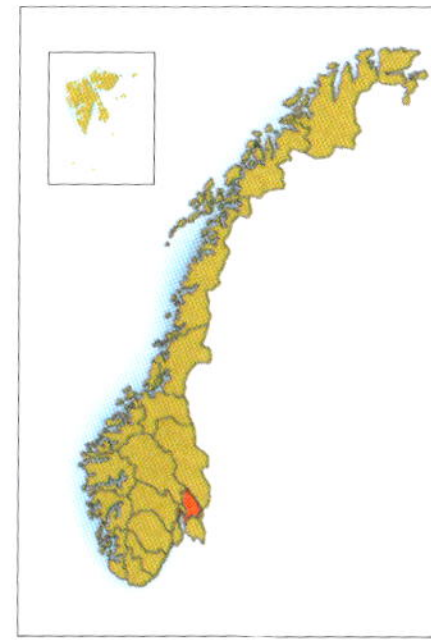

Bunadene fra Romerike ble utformet på 1940 og 50-tallet. Den første festbunaden, som på bildet har rødt liv og rød stakk og er sydd sammen til en *livkjole*, kom i salg hos Heimen Husflid i 1940 og er laget ut fra broderiene på en lomme. Bunaden med rødt liv og grønn stakk fra 1945, er laget ut fra et brodert skaberakk (hestedekken), og bunaden med gult damaskliv og grønn stakk fra 1955 er laget ut fra et par broderte sko.

Broderiene er utført i garn i tre gule og en rød farge. Festbunadene fra Romerike finns også i flere andre farger. Som hodeplagg brukes en rynkelue med blondekant eller en mindre lue uten rynker. Luene har broderi som er de samme som på bunaden. Som ytterplagg brukes en trøye eller en kep. Blant sølvet til bunaden er *hjertesøljer*, som er kopier av gamle bevarte søljer fra Romerike, veldig populære.

The bunads from Romerike was designed during the 1940s and -50s. The first festive bunad, in the photo with red bodice and skirt, is called a *livkjole,* was first sold at Heimen Husflid in 1940. The embroidery comes from an old hanging pocket. The bunad with red bodice and green skirt is from 1945 and the embroidery is copied from a saddle pad. The bunad with yellow bodice and green skirt was first made 1955 and has embroideries copied from a shoe.

The ground colour can vary but the embroideries on the bunads are usually made with one red and three yellow shades. The headdresses used are *rynkelue*, pleated bonnet, with lace trim or a smaller plain bonnet without pleats. A short jacket or cape is used. The heart shaped silver brooches, which are copies of old preserved brooches from Romerike, are very popular.

Bunad fra Oppland og Sør-Odal

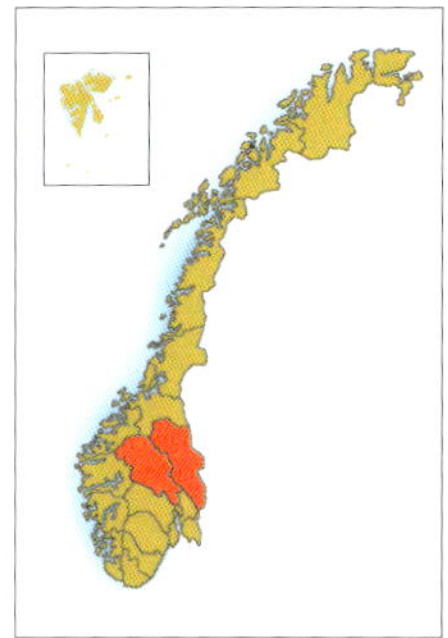

Bunaden kommer opprinnelig fra Lillehammer og kalles *Lundebybunad,* etter kunstmaleren Alf Lundeby, som laget den til en venninne i presang i begynnelsen av 1930. Bunaden var kanskje ikke ment å komme i produksjon, men den ble raskt populær i hele Oppland og Sør-Odal.

Kunstneren lot seg inspirere av de stiliserte broderiene på folkedraktene fra 1700-tallet og overførte mønstrene til en livkjole. Livet er ettersittende og stakken er foldelagt slik som var vanlig i folkedraktene på Østlandet på 1800-tallet. Det er samme broderier på hele bunaden men fargene kan variere litt etter personlig smak. Til bunaden, som lages i blått, svart eller hvitt klede, hører det en liten pulllue og brodert lomme. Det brukes en hvit skjorte med nuperellekant, og om ytterplagg brukes en trøye uten broderier.

The bunad is originally from Lillehammer and is called the *Lundeby bunad*, from the painter Alf Lundeby who designed it and later presented it to a friend at the beginning of 1930. The bunad was not supposed to come into production, but it soon became popular throughout Oppland and Sør-Odal.

The artist was inspired by the stylized embroidery on folk costumes from the 1700s and transferred the patterns to the bunad. It has a tight bodice and pleated skirt, which was common in folk costumes in the south of Norway in the 1800s. The same embroidered design is used over the whole dress, but the colours can vary leaving room for personal taste. With the bunad, which is made in blue, black or off-white cloth, there is a matching small cap and an embroidered pocket. It is used with a white shirt trimmed with lace and a jacket with no embroidery.

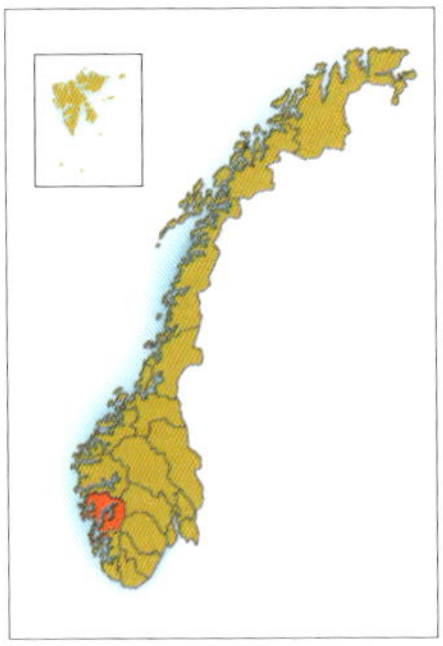

Hele Norges bunad Nasjonalen

Hardanger er et av de områdene i Norge som har veldig sterke folkedrakttradisjoner og da det skulle lages en festbunad for hele landet på slutten av 1800-tallet var det herfra man hentet inspirasjonen. Mange kunstnere malte motiver fra området og turismen bidro til populariteten. Denne festbunaden fikk navnet *Nasjonalen*. Livet, *oppluten,* som tidligere kunne være i ulike stoffer, ble nå laget i ull og de hvite forkledene med hardangersøm ble fast tilbehør til bunaden. Perlebroderier ble brukt på bringeduk, belte og den lille luen.

De hvite høytidsskautene for gifte kvinner som ble brukt til folkedraktene ble også brukt til Nasjonalen. Unge ugifte kvinner kunne ha håret løst, eller i fletter med den lille luen, som jenta på bildet. I dag brukes luen bare av småjenter. Som ytterplagg brukes ofte kep.

Hardanger is an area with a strong bunad tradition and when it was decided in the late 1800s that a national bunad was to be made, this is where the inspiration came from. This festive bunad was named *Nasjonalen*, meaning the national bunad. Many artists painted scenes from the area and tourism helped popularize it. The bodice *oppluten,* previously made in a variety of fabrics, was now made in wool and the white aprons with Hardanger embroidery, became part of the national bunad. Beadwork is used on the bib, belt and the bonnet.

The white head rails for married women, used with the folk costumes, are also used with the nasjonal bunad. Unmarried girls wear their hair hanging loose, or braided with a bonnet, like the young woman in the photo. Today only small girls wear the bonnet. A cape is used as outerwear.

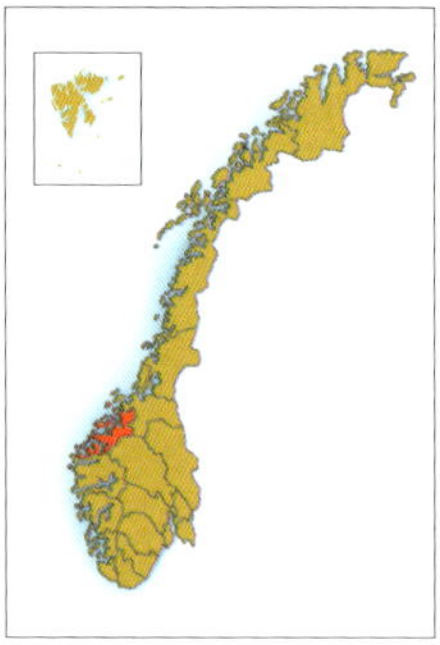

Bunad fra Romsdal

Bolsøybunaden er en av fire varianter av brodert bunad fra Romsdalen og den er veldig populær. Tre tidligere modeller ble laget i begynnelsen av 1900-tallet mens denne ble introdusert i 1947. Broderiene har ikke blitt kopiert fra klesplagg eller gjenstander fra området, men er inspirert av de gamle broderte livene fra Romsdalen.

Fargene på bunaden har variert. De første var helt blå og det har også blitt laget grønne og rustrøde. I dag lages de som regel som på bildet, med rødt liv og blå stakk.

Livet har samme fasong som de eldre bunadene med skjøteliv og har broderier både foran og bak. Til bunaden brukes en lomme og en lue med blondekant, som har samme broderier som livet. Sølvet er laget med utgangspunkt i gammelt sølv fra Romsdal. Til bunaden hører det til en blå cape med rødt ullfôr.

Bolsøybunaden is one of four versions of embroidered bunads from Romsdal and it is very popular. Three models were made in the early 1900s while this one was introduced in 1947. The embroideries has not been copied from clothing or objects but are inspired by some old embroidered bodies from Romsdal.

The colour of the bunad has varied. The first was blue and it has also been made in green and rusty red. Today they are often made as in the photo, with a red bodice and blue skirt.

The bodice has a cut similar to the older bunads, with a gusset skirt. It has embroidery both on the front and back. A hanging pocket and a small bonnet, trimmed with lace, is decorated with the same embroidery as on the bodice. The silver is copies of old silver from Romsdal. A cape in blue with red wool lining is worn as outer garment.

Til venstre en Øst-Telemarkbunad med rødtrøye og til høyre en Vest-Telemarkbunad.

To the left a bunad from East Telemark and to the right, from West Telemark.

Bunader fra Øst-Telemark

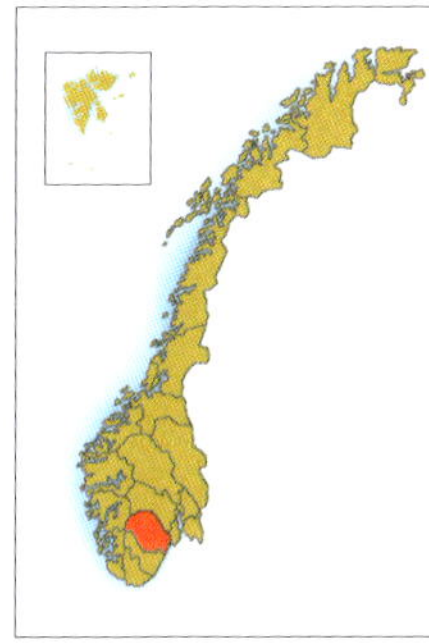

De broderte bunadene fra Øst-Telemark er blant Norges mest populære og det finnes mange varianter i bruk i dag. Felles er at de er livkjoler og lages helt i ullstoff slik festbunadene ble utarbeidet i begynnelsen av 1900-tallet.

Den praktfulle *rosesaumen,* ullgarnsbroderiene som tidligere fantes på folkedraktene i området, ble overført til liv, stakk og forkle. For at det ikke skulle brukes moderne håndvesker til bunaden ble det også laget en brodert lomme. Bunadene på bildet ble satt i produksjon ca 1930 og broderiene kommer fra sokker som ble brukt til folkedrakten. Rundt livet har de brede brikkevevde belter. Den korte røde ulltrøya som hører til bunaden kalles *rødtrøye,* men den har også blitt laget i grønt. Den har broderier både foran og bak og en kant i kontrastfarge nederst. Vippebånd i håret eller et hvitt skaut hører til.

The embroidered bunads from East Telemark is among the most popular in Norway and there are many versions. A common feature is that they are bodice skirts and made entirely of wool, just like the festive bunads developed in the early 1900s.

The magnificent *rosesaumen,* wool embroidery previously used on the traditional folk costumes in the area, was transferred on to the bodice, skirt and apron. In order to prevent the use of modern handbags, an embroidered pocket was added. The bunads in the photo was put into production around 1930 and the embroideries are from socks that were used with the folk costumes. Around the waist they are wearing wide tablet woven belts. The short red wool jackets are called *rødtrøye,* but is also made in green. The embroidery covers both front and back and is trimmed with a contrasting colour at the hem. The hair is tied up with a *vippebånd,* or covered with a white kerchief.

Brudesølv! krone, lad og rull

Brudekronen som vi kjenner den i dag er et moderne tilbehør til brudedrakten. I eldre tider var kroner forbeholdt adel og kongeligheter, men på 1800-tallet fikk de større utbredelse takket være de flinke gullsmedene i Trondheim og Bergen. Kronene ble populære i mange områder og de største brudekronene er fortsatt i bruk på Vestlandet.

På landsbygden ble brudepynten gjerne tilvirket lokalt og til mange folkedrakter ble det brukt *lad*. Ordet lad betyr *å legge sammen* og det er ofte et stivt underlag med mange lag stoff som ladet er bygd opp av. Utenpå festes mengder av små stykker sølv med dingel og løv. Til venstre har bruden fra Setesdal lad med lange silkebånd. *Malerullen* fra Telemark, nede til høyre, er en mindre type diadem som har sølvkjeder i rutemønster hengende bak. Bruden på det store bildet er også fra Telemark.

Bridal crowns as we know them today is a modern accessory. In ancient times they where only used by nobility and royalty, but in the 1800s they became widespread thanks to the skilled goldsmiths in Trondheim and Bergen. The crowns became popular in many areas and the largest bridal crowns are still used on norwegian Vestlandet.

In the countryside where the wedding decorations often where made locally, many used what is called a *lad*. The word *lad* means *to put in layers* and it is often a rigid surface with many layers of fabric that the *lad* is made of. It is decorated with plenty pieces of silver with hanging leaves. Above, the bride is wearing a bunad from Setesdal and a *lad* with long silk ribbons attached. The headdress to the right is a *malerull* from Telemark. The bride in the large photo is also from Telemark.

Da folkedraktene gikk ut av bruk i store deler av Norge på slutten på 1800-tallet, var det noen områder der bruken gikk i ubrutt tradisjon over til bunad. Setesdal er et av de områder der den lokale klesskikken var lengst i bruk. Rundt 1920 ble de tradisjonelle kirkeklærne det som idag brukes som bunad. Her er også bruken av hverdagsbunad og festbunad videreført.

When folk costumes went out of use in most parts of Norway during the end of the 1800s there were some areas that directly adapted the use of bunad. Setesdal is one of those areas where the custom of wearing folk costumes was long in use. Around 1920 this changed and the traditional church clothes are what today is used as a bunad. In Setesdal the tradition of separating formal and less formal attire continued.

På mannsbunaden fra Setesdal er bukselokket og *føttene* rikt dekorert med vakre broderier.

On the men´s bunad from Setesdal the front flap and trouser hem *føttene*, is richly decorated with embroidery.

Bunader fra Setesdal

Til bunaden fra Setesdal bærer kvinnene to stakker, den ene er en understakk, *kvitestakk,* og utenpå har hun *svartestakk*. Nederst sitter *lister* i klede, som alle har egne navn. Stakken er rynket foran på *linor,* to smale broderte remser. Det litt høyere stykket på baksiden kalles *opplut* og er den mest dekorerte delen på kvinnebunaden. Beltet er et vevd ullbånd med *krokmønster* som festes med sølvspenne.

Til mannsbunaden brukes en strikket *lusekofte* eller *spitetrøye*, med mønster av "kross, og kringler og lus". Koftene har vært i bruk siden midten av 1800-tallet og brukes ofte sammen med en vest, *brusduk,* som på bildet, eller trøje, *rundtrøje*. Han har filthatt med sølvkjeder og kniv i beltet. Både menn og kvinner bruker broderte vanter til fest. Ved store høytider bruker kvinnene et sjal, *kyrkjetjeldet,* et stripete ullteppe der den dominerende fargen er rødt.

With the bunad from Setesdal women wear two brace skirts, the less formal white *kvitestakk* and the black *svartestakk.* The stiff hems are made of cloth, each with its own name. The skirt is stitched in front on to *lindor,* two narrow strips of embroidered cloth. The slightly higher piece on the back is called *opplut* and this is the most decorated part on the bunad. The belt is a woven wool band which is fastened with a silver buckle.

The man wears a *lusekofte,* a knitted sweater with a pattern of "cross, pretzels and lice". The sweaters have been used since the mid 1800s and are often worn with *brusduk,* a short vest, or a jacket *rundtrøje.* He wears a felt hat with silver chains and a knife in his belt. Both men and women use embroidered finger mittens. On festive occasions women wear a shawl *kyrkjetjeldet,* a striped woven blanket where the dominant colour is red.

Kvitestakk heter hverdags- og arbeidsstakken som i dag brukes som bunad ved mindre høytidlige anledninger i Setesdal. Beltene kan være vevde bånd, men de kan også være laget av lær, disse kalles *jure*. Til arbeid bruker kvinnene blå rutete bomullsforklær og lyse tørklær på hodet. Håret flettes med *typleband*, bånd vevde med samme teknikk som beltebåndene, og henger løst ned under tørkledet bak.

Kvitestakk is the name of the white brace skirt from Setesdal used every day and for work. This is why this is the less formal bunad. The belts are usually woven but some are made of leather, these are called *jure*. For work a blue plaid cotton apron and off-white floral head kerchief is used. The hair is braided with *typleband*, ribbons woven in the same technique as the belts, and are hanging loose from under the kerchiefs on the back.

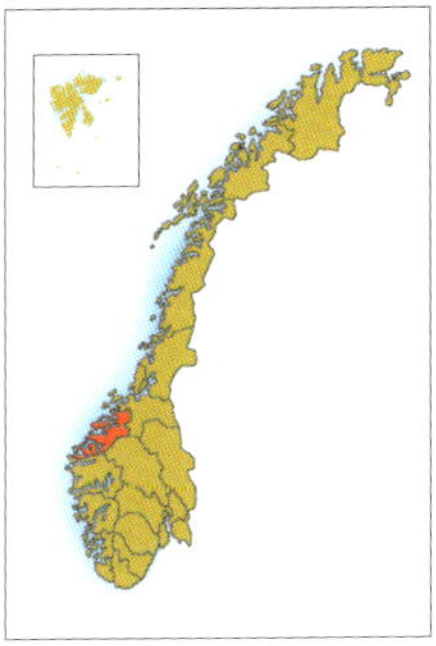

Ørskogbunad fra Sunnmøre

Bunaden kalles Ørskogbunad og er en av de åtte broderte bunadene som brukes på Sunnmøre i dag. Broderiene er fra et gammelt forkle fra Gjære i Ørskog som har blitt overført til hele bunaden. Livet er kantet med røde bomullsbånd og stakken har en grindvevd bord nederst. Bunaden, som finnes i svart og blått, kom i salg i 1927 og er den mest populære på Sunnmøre. Til bunaden hører det til et skaut som på bildet under, med sorte eller røde broderier, eller en liten sort lue. Originalen til luen er i silke, men i dag lages den i samme ullstoff som livkjolen.

Bunadens store popularitet kan komme av kongefamiliens bruk av den. I 1929, da kronprinsesse Märtha skulle gifte seg med kronprins Olav, fikk hun en Ørskogbunad i bryllupsgave fra sunnmørsungdommen. Dette er også grunnen til at den har fått navnet *Märtabunaden.* Senere har prinsesse Märtha Louise brukt den ved flere anledninger.

The bunad is called Ørskogbunad and is one of eight embroidered bunads that exists in Sunnmøre today. The embroideries which are from an old apron from Gjære in Ørskog have been transferred to the whole bunad. The bodice is trimmed with red cotton ribbons and the skirt has a woven band at the hem. The bunad, made in black or blue wool, was designed in 1927 and is one of the most popular bunads in Sunnmøre. The headdress is an embroidered head kerchief with black or red embroidery, or a little black hat. The original hat is in silk but today it is made in the same fine wool as the bunads.

Part of the popularity is due to the fact that the royal family has been wearing it. In 1929, when Crown Princess Märtha was to marry Crown Prince Olav, she got a Ørskogbunad as a wedding gift. This is why it is called *Märtabunaden.* Later, Princess Märtha Louise has also used it on several occasions.

Bunad fra Sykkylven

Bunaden fra Sykkylven på Sunnmøre ble utarbeidet i 1926 etter en brodert drakt fra 1870-tallet. Den finnes i svart og i blått, og ugifte jenter bruker gjerne røde strømper. De kan også bruke hvitt skaut med røde broderier til.

The bunad from Sykkylven in Sunnmøre was developed in 1926 using the embroidery on a folk costume from the 1870s as model. It is made in black and blue. Unmarried women wear red stockings and has red embroidery on the white head dress with the bunad.

Mannsbunad fra Sunnmøre

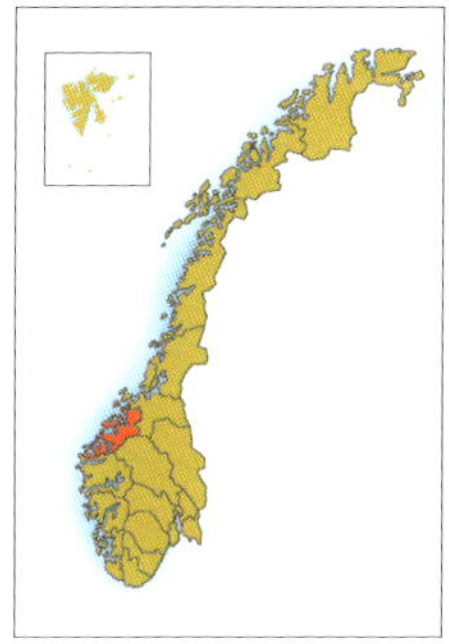

Bunaden som mannen har på seg er fra Sunnmøre. Den svarte mannsbunaden ble først utarbeidet på begynnelsen av 1900-tallet, og forelegget er opprinnelig fra Stranda på Sunnmøre. Å bruke svarte knebukser og svart kort trøye er i dag vanlig i mange områder, men vestene kan være ulikt utformet og ha ulik farge. Rødt er populært.

Bukseseler har vært brukt i 300 år og har ofte vært et praktisk og fargerik tilbehør i mannens garderobe. Mannen har på seg en type seler som opprinnelig har vært brudgomsseler. De er kneppet fast i buksen med to knapper bak og tre foran. Skinnremsen som går igjennom messingringene gjør selene bevegelige og de blir behagelige å ha på seg. Broderiene på selene ligner i mønster og fargekombinasjon på de som brukes til Sunnmørsbunaden for kvinner. Halsknapp i sølv og hvite mønsterstrikkede strømper hører til.

The bunad the man is wearing is from Sunnmøre. This black men's bunad was first developed in the early 1900s, and the original is from Stranda. Using a black jacket and breeches is common in many areas, but the waistcoats are often in different designs and have different colours. Red is popular.

Braces have been used for more than 300 years and have often been convenient and colourful accessories in the man's wardrobe. The man is wearing a type of braces that originally have been worn by a bridegroom. They are buttoned to the trousers with two buttons at the back and three in front. The chamois lace running through the brass lacing rings make them move and comfortable to wear. The embroidery is similar in pattern and colour combination used on the Sunnmørsbunaden for women. He wears a silver button in his shirt collar.

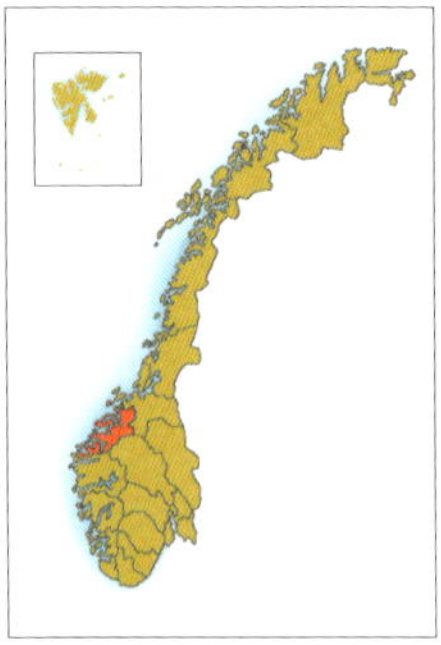

Bunader fra Dalsfjord og Skodje

Bunadene er fra Sunnmøre og broderiene har forelegg fra gamle draktdeler. Bunaden til venstre er fra Dalsfjord på Søre Sunnmøre og broderiene kommer fra et forkle og liv fra tidlig 1800-tall. Bunaden til høyre er fra Skodje og her er broderiene tatt fra broderte småplagg. Begge bunadene kom i salg i 1928.

Bunadene er *livkjoler*, det betyr at liv og stakk er sydd sammen. De ensfargede stakkene har ikke broderier, men forklærne er broderte. Dalsfjordbunaden har liv av en mønstrete ulldamask som er høyrød på ene siden og gyllenrød på den andre. Man kan selv velge hvilken side som skal være ut.

Begge bunadene har broderte lommer og som hodeplagg brukes et hvitt skaut med broderier. Gifte kvinner har sort broderi mens de ugifte har flerfarget. Skautet festes med et bredt sort silkebånd som knytes foran i en stor rosett.

These bunads are from Sunnmøre and the embroideries are copied from old folk costumes. The one on the left is from Dalsfjord in southern Sunnmøre and the embroideries are from an apron and bodice from the early 1800s. The bunad on the right is from Skodje and here the embroideries are from embroidered pieces of cloth. They were produced for the first time in 1928.

The bunads are *livkjoler*, bodice skirts. The skirts have no embroidery, but the aprons have. The Dalsfjord bunad has a bodice in patterned wool damask that is crimson on one side and golden-red on the other. It is a personal choice, which side to wear. Both bunads have embroidered pockets and headdresses using a white headkerchief with embroidery. Married women wear black embroidery and unmarried have multicoloured. The kerchiefs are fastened with a wide black satin strip tied in a bow.

Bunad fra Nordland

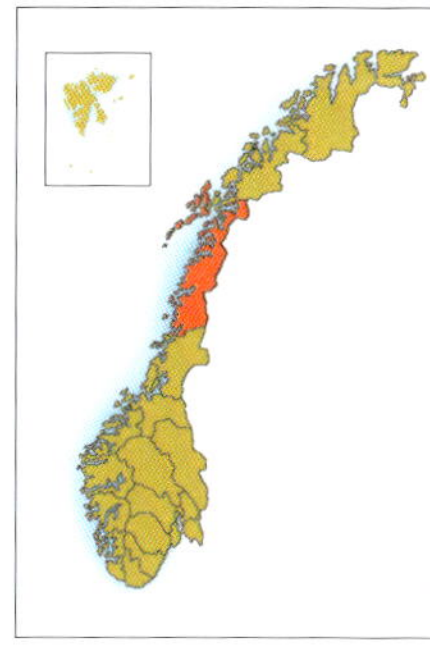

På begynnelsen av 1900-tallet var det mange som ønsket seg en bunad fra stedet de kom fra. I Nordland ble det bestemt at det skulle lages en bunad ut fra to ullbroderier som kom fra en gård i Vefsn. At det skulle være broderier på bunaden var i linje med tidens trend å ha en prydsøm som viste lokal tilhørighet.

Livet har broderier både foran og bak og det lukkes med tre sølvhekter. Stakken har en bord med broderier nederst og lommen har fått samme blomstermønster. Forkledet, som er i bomull, er laget med utgangspunkt i et silkeforkle fra Hattfjelldal. Sjalet som har samme rutemønster og farger som forkledet, har lange frynser og legges over skuldrene med snippene festet innunder framstykket på livet. Til bunaden brukes en silkelue med rynket pull. Bunaden finnes i en blå og en grønn variant.

In the early 1900s many people wanted a bunad from the place they descended and in Nordland it was decided that a bunad with embroidery copied from two pieces of cloth, originally from a farm in Vefsn, should be made. A bunad with wool embroidery was in line with the trend and it was important that it would prove local affiliation.

The bodice has embroidery both on the front and back, and it is closed with three silver clasps. The skirt has embroidery at the hem and the pocket is decorated with the same floral pattern. The apron is of cotton, and inspired by a silk apron from Hattfjelldal. The shawl has the same chequered pattern and colours as the apron, and has long fringes. It is worn folded over the shoulders with the corners fastened under the front neckline. A silk bonnet with a high crown is used with this bunad. The Nordlandbunad is made in a blue and a green version.

Strikkede og broderte vanter
fra Setesdal
Knitted and embroidered
finger mittens from Setesdal.